# BEI GRIN MACHT SICH IHR
# WISSEN BEZAHLT

- Wir veröffentlichen Ihre Hausarbeit,
  Bachelor- und Masterarbeit

- Ihr eigenes eBook und Buch -
  weltweit in allen wichtigen Shops

- Verdienen Sie an jedem Verkauf

## Jetzt bei www.GRIN.com hochladen
## und kostenlos publizieren

**Bibliografische Information der Deutschen Nationalbibliothek:**

Die Deutsche Bibliothek verzeichnet diese Publikation in der Deutschen National-bibliografie; detaillierte bibliografische Daten sind im Internet über http://dnb.d-nb.de/ abrufbar.

**Impressum:**

Copyright © 2016 GRIN Verlag, Open Publishing GmbH
Druck und Bindung: Books on Demand GmbH, Norderstedt Germany
ISBN: 9783668218895

**Dieses Buch bei GRIN:**

http://www.grin.com/de/e-book/317052/online-selbstvermarktung-von-musikern-ohne-plattenvertrag

Robin Aydinonat

# Online-Selbstvermarktung von Musikern ohne Platten-vertrag

GRIN Verlag

# Online-Selbstvermarktung von Musikern ohne Plattenvertrag

Vorwissenschaftliche Arbeit verfasst von

Robin Aydinonat

Klasse 8A

Abgabedatum: 04. Februar 2016

BRG Körösistraße

8010 Graz, Körösistraße 155

# Abstract

The pre-scientific thesis on the topic "Online self-marketing of unsigned musicians" is meant to explore possible ways that artists have at their disposal to merchandise and promote themselves without the involvement of any professional record companies, producers and marketing companies.

The paper focuses on the current situation of the record industry, the "home recording" music production, the marketing in so-called "Web 2.0" including the use of social networks, aggregators and music download shops and the marketing of physical sound carriers such as CDs.

In order to obtain current and meaningful data about the music consumption attitude of Austrian teenagers, a questionnaire survey among the students of BRG Körösistraße high school in Graz was conducted.

This thesis can also be seen as a guide for newcoming musicians who aim to implement the plan to record their original music in a professional quality and want to promote their products by themselves but who need some more information and expert knowledge on the topic.

# Inhaltsverzeichnis

# 1. Einleitung

Im Musikbusiness gibt es seit Jahren Probleme mit sinkenden Einnahmen und Urheberrechtsverletzungen. Illegale Downloads sind die Ursache dieser negativen Veränderungen, die dazu führen, dass Plattenfirmen fast ausschließlich auf bewährte Musiker setzen. Dadurch wird vermehrt auf die Verpflichtung von Newcomer-Bands und jungen Singer-Songwritern verzichtet.

Betrachtet man die Auswirkungen des Internets auf die Musikbranche, so scheint das Web auf den ersten Blick Hauptverursacher aller oben genannten Probleme zu sein. Für den Musiker ohne Plattenvertrag, der sich selbst mit möglichst wenig Kostenaufwand vermarkten möchte, stellt das Internet jedoch nie zuvor dagewesene Möglichkeiten bereit. Soziale Netzwerke wie Youtube, Twitter, Facebook oder Google+ bieten viele Wege, um seine Fans am Laufenden zu halten sowie seine Musik einem breiten Publikum zugänglich zu machen. Eine Verbreitung der eigenen Musik ist durch das enorme Viralitätspotenzial solcher Onlineportale leichter geworden denn je. Viralität beschreibt dabei das Phänomen, dass sich im Internet Informationen mitunter wie ein Virus – ohne weiteres Zutun – ausbreiten können.

Um jedoch seine Musik vermarkten zu können, ist es notwendig, professionelle Aufnahmen der eigenen Werke zu produzieren. Es gibt die Möglichkeit, dies in einem Tonstudio mit Profi-Produzenten und Tontechnikern zu machen, was jedoch nicht für jeden jungen Musiker leistbar ist. Dank des rasanten technischen Fortschritts des Homerecording-Equipments ist es heutzutage möglich, billig, aber trotzdem in einer professionellen Qualität, im Proberaum oder beispielsweise in einer Garage aufzunehmen. Die Arbeit des Produzenten müssen die Musiker zwar auch selbst übernehmen, was aber sogar den Vorteil bringt, dass kein anderer das Werk verändern kann und man so von der ersten Idee bis zur endgültigen Umsetzung die Herrschaft über sein geistiges Eigentum behält.

Möchte man mit seiner Musik nun kommerziell erfolgreich werden, reichen soziale Netzwerke nicht mehr aus, da die Fans die Lieder dort kostenlos streamen, also direkt im Internet anhören können. Man benötigt einen Musik-Verlag beziehungsweise einen Online-Aggregator.

Aggregatoren verteilen die Musik im Web an Online-Shops, die die Musik dort zum Download anbieten. Ein großer Vorteil ist, dass über diesen Verkaufsweg beinahe keine finanziellen Vorschüsse benötigt werden, da Kosten für das Pressen von CDs, Druck des Booklets sowie für Verpackung wegfallen. Den kommerziellen Weg sollte der Newcomer-Musiker jedoch erst einschlagen, wenn er sich einen gewissen Bekannt- und Beliebtheitsgrad erarbeitet hat, da kostenpflichtige Musikdownloads von unbekannten Musikern die meisten Musikkonsumenten abschrecken.

In dieser Arbeit wurde auf Gendering verzichtet, um eine gute Lesbarkeit zu gewährleisten. Selbstverständlich gelten personenbezogene Bezeichnungen für beide Geschlechter.

# 2. Aktuelle Situation der Musikbranche

## 2.1 Die Major Labels

Die Musikindustrie wird eingeteilt in die vier Bereiche Tonträger, Musikinstrumente, Konzerte und Merchandising. Den Kernbereich bildet die Tonträgerbranche. Die sogenannten Major Labels, also große Plattenkonzerne, dominieren diesen Geschäftszweig und halten etwa 70 Prozent des weltweiten Umsatzes der Musikindustrie.[1] Um auch regional Künstler, die zum Beispiel in Landessprache singen, betreuen zu können, verfügen Majors über nationale Tochterfirmen, die in ihrem jeweiligen Land Interpreten unter Vertrag nehmen und vermarkten. Außerdem besitzen Major Labels meist viele Sub-Labels, um alle Musikgenres möglichst gut abdecken zu können.

Die drei größten Major Labels, die sogenannten „Big Three", sind die Universal Music Group, die Warner Music Group und Sony Music Entertainment. Bis zum Jahr 2011 gab es einen vierten großen Major Label-Konzern, die EMI Group. Diese wurde jedoch größtenteils von der Universal Music Group übernommen.

*„Der Name Label kommt aus dem englischen [sic!], steht dort für Etikett, Schild oder Name und bezeichnete ursprünglich nur das runde Etikett, welches in der*

---

[1] Vgl. Oderinde, Alice: Im Netz spielt die Musik. Das Internet als Herausforderung für die Musikindustrie. Marburg: Tectum Verlag, 2010, S. 12.

*Mitte von Schallplatten angebracht ist, auf dem in der Regel auch das Logo des Tonträgerherstellers abgebildet ist. Diese Etiketten werden auch heute noch so bezeichnet, unter einem Label versteht man aber vor allem die Marke, unter der ein Tonträgerhersteller die Werke von Künstlern veröffentlicht."*[2]

## 2.2 Marktübersicht in Österreich

Laut IFPI Musikmarkt Katalog 2014 betrug der Gesamtumsatz des österreichischen Musikmarktes 2014 145,5 Millionen Euro. Dieser Betrag beinhaltet 84,3 Millionen Euro aus dem physischen Markt sowie 30,2 Millionen Euro aus dem Digitalmarkt. Weitere 8 Millionen Euro stammen von Merchandising, Synchronisationsrechten (Bild und Ton gemeinsam; zum Beispiel Werbungs- oder Filmmusik) und Sonstigem. Außerdem konnte die Musikverwertungsgesellschaft LSG 23 Millionen Euro aus Lizenzgebühren im Jahr 2014 umsetzen. Dies bedeutet einen Rückgang des österreichischen Gesamt-Musikumsatzes um 3 Prozent gegenüber dem Vorjahr. Hingegen konnten die Vinyl-Umsätze im selben Zeitraum um 60 Prozent auf 4 Millionen Euro gesteigert werden. Auch die Streaming-Umsätze weisen eine Umsatzsteigerung von 33 Prozent auf 8,9 Millionen Euro auf.[3] Diese Statistik zeigt neue Trends beim Musikkonsum der Österreicher auf und kann für die Tonträgerindustrie zukünftige Einnahmequellen offenbaren. In der IFPI-Statistik von 2014 wurden Konzertumsätze nicht berücksichtigt, diese sind heute jedoch relevanter denn je zuvor. „Der Aufteilungsschlüssel lag noch vor zehn Jahren bei einem Drittel Live und zwei Drittel Tonträgergeschäft. Mittlerweile hat sich das exakt umgedreht", so Andreas Egger, Geschäftsführer der Ticket Express GmbH (Oeticket).[4]

Der Verkauf von physischen Tonträgern (CDs, Vinyl-Schallplatten, DVDs) ist nach wie vor der Hauptabsatzmarkt für Tonträger in Österreich und ist beinahe dreimal umsatz-kräftiger als der Digitalmarkt, obwohl dieser mit den relativ neuen Streaming-Angeboten Unterstützung bekommen hat. Jedoch musste auch der physische Musik-markt ein Minus von 4 Prozent gegenüber 2013 hinnehmen.[5]

---

[2] http://www.musicaustria.at/mica/praxiswissen/labels (Stand 27.07.2015)
[3] Vgl. http://www.ifpi.at/uploads/IFPI-Musikmarkt2014.pdf (Stand 27.07.2015)
[4] http://wirtschaftsblatt.at/home/nachrichten/oesterreich/wien/4735724/Musikbranche_KonzertVeranstalter-kommen-unter-Druck (Stand 27.07.2015)
[5] Vgl. http://www.ifpi.at/uploads/IFPI-Musikmarkt2014.pdf (Stand 27.07.2015)

*„Die Umsätze verlagern sich mehr und mehr von Download- zu Streaming-Plattformen. [...] Die mit Abstand meistgenutzte Musikquelle ist noch immer das Gratisangebot von YouTube. Davon profitiert primär dessen Eigentümer Google, während von Künstlern und Labels Umsatz abgesaugt wird.*"[6], so der Präsident des Verbands der österreichischen Musikwirtschaft Hannes Eder.

## 3. „Homerecording" – Musikproduktion in Eigenregie

Der sich selbst vermarktende Musiker hat die Möglichkeit, auch die Musikproduktion ohne externen Produzenten durchzuführen. Dies bietet neben der Kostenersparnis noch den Vorteil, dass die selbst komponierte Musik ohne Einflüsse einer außenstehenden Person ganz nach den eigenen Vorstellungen aufgenommen werden kann.

Nun gibt es zwei Möglichkeiten: Der Musiker kann ein Tonstudio anmieten und dort den Aufnahmeprozess durchführen oder er kann sich zu Hause beziehungsweise im Proberaum ein eigenes Heimstudio einrichten. In dieser Arbeit soll die Musikproduktion und -vermarktung in Eigenregie im Vordergrund stehen, daher wird im Folgenden das „Homerecording"-Modell näher beschrieben.

### 3.1 Einrichtung des Aufnahmeraumes

Bei der Einrichtung des Aufnahmeraumes sind gewisse Grundregeln zu beachten. Akustikplatten eignen sich gut, um die Akustik im gewählten Aufnahmeraum wie gewünscht so trocken wie möglich zu halten. Eine trockene Akustik ist dadurch charakterisiert, reflektionsarm, das heißt fast frei von Nachhall, zu sein. Diese Platten gibt es in gelochter sowie in gerillter Form aus Holz oder Schaumstoff. Günstiger lässt sich das Studio akustisch verbessern, indem man große Eierkartons lückenlos an die Wände klebt. Diese Technik steuert auch einiges zur Schallisolation bei, wobei gilt, dass dichte Stoffe an leichte anschließen müssen oder umgekehrt. Dies ist beispielsweise bei Eierkartons auf einer Gipswand der Fall, jedoch nicht bei einer reinen Gipswand ohne zusätzliche Schallisolatoren mit anderer Dichte.

Möchte der Musiker aufgenommene Tonspuren nicht nur über Studiokopfhörer anhören, sondern auch über Lautsprecher, so sollten diese wenn möglich sechs Meter von

---

[6] Eder, Hannes. http://www.ifpi.at/uploads/IFPI-Musikmarkt2014.pdf (Stand 27.07.2015)

der Hörposition entfernt sein.[7] Dadurch wird die Wahrnehmung klangverändernder Schallreflexionen verhindert und es kommt zu einem idealen Klangbild ohne Verzerrungen. Bezüglich der Lautsprecherausrichtung ist zu sagen, dass sich diese auf Ohrenhöhe befinden und in Richtung des Hörers abstrahlen sollten. Um die Entkoppelung der Lautsprecher von den Feststoffen in der Umgebung zu gewährleisten, sollte darauf geachtet werden, mindestens einen Meter Abstand zur nächsten Wand einzuhalten sowie einen gut schallisolierenden Untergrund für die Boxen zu wählen. Damit kann verhindert werden, das Hörerlebnis durch Festkörper mit schlechter Akustik einzuschränken. Falls die Wände, wie in den meisten Räumen, parallel zueinander stehen, kann man durch die Aufstellung von großen Holzplatten im Raum schräge Flächen erzeugen. Auch die schräge Anbringung der Platten an der Decke macht Sinn, um die Parallelität zum Boden auszumerzen. Das kommt der Akustik insofern zugute, als das Echo auf ein Minimum verringert wird. Wichtig ist, für das Homerecording einen Raum zu wählen, der viele Einrichtungsgegenstände und krumme Winkel aufweist. Man sollte grundsätzlich einen großen Raum ohne Nebengeräusche, beispielsweise von den Nachbarn, wählen. Ist dies aufgrund der Wohnsituation nicht möglich, kann der Einsatz von Reflexionsfiltern Abhilfe schaffen. Diese gebogenen Schaumstoffplatten halten negative Einflüsse wie Reflektionen, Echos und Nebengeräusche aus der Umgebung vom Mikrofon fern und führen so zu einem trockenen Klang in der Aufnahme.

## 3.2 Digital Audio Workstations

Beim Homerecording kann der Musiker ohne Plattenvertrag sogenannte Digital Audio Workstations (im Folgenden auch als DAW abgekürzt) verwenden. Diese DAW sind computergestützte Programme, die mehrere Funktionen in einer einzigen Software verbinden und äußerst praktisch sind, da der Computer viele andere Hardwaregeräte ersetzen kann. Er dient, ausgestattet mit einer DAW, als Ersatz für ein Harddisk-Recording-Gerät, ein digitales Mischpult und viele andere externe Effekt-Geräte wie z.B. Röhrenkompressoren, Wah-Wah, Hall, Delay etc. Mithilfe von Plug-ins, also Erweiterungsmodulen für Programme, kann die Digital Audio Workstation diese Geräte simulieren. Auch die früher notwendige Mastermaschine ist überflüssig, da die meisten

---

[7] Vgl. Conrad, Jan-Friedrich: Recording. Einführung in die Technik der Musikproduktion. Bergkirchen: PPVMEDIEN Verlag, 2012, S. 9.

DAW integrierte CD/DVD-Brenner haben. Das fertige Stück kann ohne großen Aufwand auf der computereigenen Festplatte oder einem USB-Stick gespeichert werden.

Viele DAW-Programme sind sowohl als Einsteiger-Demo als auch als Profi-Vollversion erhältlich. Da man durch die Multifunktionalität sowieso schon sehr viel Geld spart, empfiehlt es sich, die Vollversion zu kaufen, um die Qualität der Aufnahme nicht leiden zu lassen. Kostenlosen Demo-Versionen mangelt es oft an wichtigen Recording-Funktionen. Der Software-Anbieter Steinberg verkauft sein Programm „Cubase" auch als semi-professionelle Version unter dem Namen „Cubase Elements 8" um € 85 an (Stand 29. November 2015). Diese bietet ausreichend viele Möglichkeiten, um Musik in radiotauglicher Qualität zu produzieren. Die Profi-Version um € 459 ist für Einsteiger oft zu teuer; daher ist „Cubase Elements 8" ein guter Kompromiss bezüglich des Preis-Leistungs-Verhältnisses.

## 3.3 Audio Interfaces

Audio Interfaces sind externe Soundkarten, meist auch mit einem Mikrofonverstärker gekoppelt. Sie stellen durch ihre Ausstattung mit AUX-Eingängen die Brücke zwischen Mikrofonen, elektrisch abgenommenen Instrumenten und dem Computer dar. Ihre wesentliche Aufgabe ist es, das Signal in den Computer und auch wieder retour zu leiten, um sich zum Beispiel während der Aufnahme über Kopfhörer selbst E-Gitarre spielen hören zu können.

Die computereigene Soundkarte ist für das professionelle Aufnehmen in der Regel nicht geeignet. Diese ist hauptsächlich für die Audio-Wiedergabe ausgerichtet und hat deshalb eine zu lange Latenzzeit. Das ist die Zeit, die zwischen Aufnahme und Monitoring-Wiedergabe verstreicht. Ist die Latenzzeit beispielsweise eine Sekunde, hört sich der Sänger erst eine Sekunde verspätet selbst über die Kopfhörer. Eine nicht störende, zufriedenstellende Latenzzeit liegt bei unter 10 Millisekunden.[8] Für den Aufnahmeprozess entwickelte externe Audio Interfaces erfüllen diese Vorgabe meist.

## 3.4 Ablauf des Aufnahmeprozesses im Überblick

Der erste Schritt sollte die Tempofindung für das aufzunehmende Werk sein. Nachträgliche Tempoänderungen wirken sich negativ auf die Audioqualität aus, weshalb es

---

[8] Vgl. Conrad, Recording, S. 16.

wichtig ist, sich vor der Aufnahme zu vergewissern, mit wie vielen „beats per minute"
das Lied am besten klingt. Das kann einfach mit verschiedenen Tempi mittels Metro-
nom ausprobiert werden.

Als nächstes muss in der DAW eine Metronomspur mit der gewählten Geschwindigkeit
eingefügt werden. Über diese eine sogenannte Pilotspur einzuspielen, ist im weiteren
Verlauf sehr hilfreich. Diese Tonspur dient der Orientierung beim Aufnehmen, wird
später aber nicht im fertigen Mix verwendet. Sie muss nicht perfekt aufgenommen
sein, sollte aber genau im Tempo sein. Üblicherweise spielt der Bassist seine Basslines
ein, um den anderen Bandmitgliedern zu ermöglichen, sich an seinem Part zu orientie-
ren.

Nun geht es an die „richtigen" Aufnahmen. Mehrere Aufnahmen, sogenannte „Takes",
sind auf jeden Fall zu machen, am besten so lange, bis ein durchgehend perfekter Take
aufgenommen wurde.

Im Folgenden ein Beispiel mit der im Rock üblichen Bandbesetzung:

Der Schlagzeuger sollte mit der Aufnahme beginnen, da die Melodie-Instrumente dann
auf seinem Rhythmus aufbauen können. Über Kopfhörer kann er die Pilotspur hören,
wodurch er mehr Orientierung hat, an welcher Stelle des Liedes er sich gerade befin-
det.

Der Bassist, der auch gewisse rhythmische Elemente spielt, kann als Nächster schon
die Aufnahme des Schlagzeugers während seiner eigenen Aufnahme hören.

Nun ist der Rhythmus-Gitarrist an der Reihe. Nachdem auch ihm ein fehlerfreier Take
gelungen ist, kann der Lead-Gitarrist seine Solos einspielen. Sind Teile des Gitarrenso-
los improvisiert, sollten noch mehr Takes als üblich aufgenommen werden, damit an-
schließend die beste Version ausgewählt werden kann.

Es empfiehlt sich, den Gesang zuletzt einzuspielen, da der Sänger dann die volle In-
strumentalmusik als Grundlage hat und so leichter die richtige Tonlage finden kann.

# 4. Soziale Netzwerke als Mittel zur Vermarktung

## 4.1 Youtube

Youtube ist ein Videoportal, fällt jedoch auch in die Kategorie der sozialen Netzwerke, da es über eine Kommentarfunktion verfügt sowie über eine enge Verbindung mit Google+. Auch ein Button zum Teilen von Videos über Facebook ist vorhanden. Andreas Hein beschreibt die Funktionsweise von Youtube in seinem Buch WEB 2.0 folgendermaßen: Die Nutzer hätten nicht nur die Möglichkeit, Videos anzuschauen, sondern sie könnten auch die Videos der anderen Teilnehmer kommentieren und bewerten. Zudem könnten die Inhalte auch abonniert werden, sodass ein Nutzer dann automatisch über neue Videos zu seinen Interessengebieten oder von seinen bevorzugten Anbietern informiert werde.[9]

Youtube bietet seinen Nutzern einen unbegrenzten Webspace für Videos. Dies bedeutet, dass man „unendlich" viele Videos hochladen kann.

Der sogenannte Kanal (Channel) ist die Profilseite von Nutzern. Hier werden alle hochgeladenen Videos des Nutzers übersichtlich dargestellt sowie Informationen über den Nutzer angezeigt. Es empfiehlt sich, als Newcomer-Musiker seinen Kanal ansprechend und übersichtlich zu gestalten, um potentielle Fans darauf aufmerksam zu machen. Die ersten Schritte bei der Einrichtung seines Kanals sollten daher die Erstellung von Kanal- und Profilbild sein.

Über den Abonnement-Button können andere Nutzer den Kanal abonnieren, sodass der Abonnent dann regelmäßig per Email über Neuigkeiten auf dem Kanal (beispielsweise über ein neu hochgeladenes Video) informiert wird. Außerdem sieht der Abonnent, ähnlich wie bei Facebook, Neues von seinen Abos auf der Youtube-Startseite.

Youtube bietet Musikern, deren Musik auf dem Onlineportal verfügbar ist, die Möglichkeit, durch die sogenannte Monetarisierung Geld zu verdienen. Es werden jedoch keine Tantiemen für das musikalische Werk selbst ausbezahlt, sondern für die Bereitstellung von Werbefläche für Drittanbieter vor dem Video oder am unteren Rand des Videos. Die Monetarisierung ist nur möglich, wenn die Musik vom Musiker selbst

---

[9] Hein, Andreas: WEB 2.0. Das müssen Sie wissen. Planegg: Rudolf Haufe Verlag, 2007, S. 43.

hochgeladen wurde oder ein anderer Nutzer, der die Musik hochgeladen hat, über die entsprechenden Nutzungsrechte verfügt.[10] Das Hochladen durch unberechtigte Personen ist zwar grundsätzlich nicht erlaubt, jedoch sind auf Youtube zu nahezu jedem bekannten musikalischen Werk illegale Uploads von Usern, die über kein Urheberrecht verfügen, zu finden.

Aktiviert der Musiker bei seinen Musikvideos die Monetarisierung, ist nicht gewährleistet, dass der Musiker überhaupt Geld von Youtube bekommt, denn ob eine Firma Werbung bei einem Video schaltet ist davon abhängig, ob das Video genügend Klicks generiert hat.

Es ist für die Musiker wichtig, ein Musikvideo zu drehen, sobald eine Single mit Hitpotenzial aufgenommen wurde. Videoclips erhalten auf Youtube generell viel mehr Zuspruch als nur Audiodateien mit Hintergrundbild, da Musikvideos auch optisch ansprechend sind.

## 4.2 Facebook

Facebook ist das zurzeit am meisten genutzte soziale Netzwerk. Laut eigenen Angaben verzeichnete man 1,44 Mrd. monatlich aktive Nutzer in Quartal 1/2015. Dies geht aus den Quartalszahlen von Facebook vom 22.04.2015 hervor.[11] Die Registrierung ist für alle Nutzer kostenlos.

Facebook unterscheidet zwischen zwei Arten von Profilen. Es gibt das Privatprofil sowie das Profil für *„[...] eine Berühmtheit, eine Band oder ein Unternehmen."*[12] Private Nutzer können Bandprofile „liken", was zur Folge hat, dass sie Postings der Band auf ihrer Facebook-Startseite, dem sogenannten Newsfeed, sehen können. Außerdem hat die Band die Möglichkeit, Fotos und Videos in ihr Profil zu stellen, um so möglichst viele Informationen an die Fans weiterzugeben. Beispielsweise könnte man ein Videotagebuch über die Sessions im Tonstudio führen. Des Weiteren kann man seine Musik in einen Player laden, über den die Fans dann die Lieder streamen können. Es gibt im Bandprofil auch einen Button mit der Bezeichnung „Veranstaltungen", wo die Band anstehende Konzerttermine vermerken kann, um die Fans darauf aufmerksam zu ma-

---

[10] http://support.google.com/youtube/answer/2490020?hl=de (Stand 29.07.2015)
[11] http://investor.fb.com/releasedetail.cfm?ReleaseID=908022 (Stand 25.01.2015)
[12] http://de.facebook.com (Stand 31.05.2014)

chen. Es besteht auch die Möglichkeit, in das Bandprofil eine Biografie sowie sogenannte „Meilensteine" in der Bandgeschichte zu schreiben. Wichtig ist es, regelmäßig
zu posten, um das Interesse der Fans aufrecht zu halten. Außerdem können Postings
neue Facebook-Fans anlocken, weil die Freunde von bereits bestehenden Fans diese
Beiträge in ihrem Newsfeed sehen können, sobald sie von ihren Freunden geliked oder
kommentiert werden.

## 4.3 Twitter

Twitter ist ein Online-Blog. Nutzer können hier Kurznachrichten mit einem Maximum
von 140 Zeichen „tweeten" (engl. für zwitschern), also veröffentlichen. Personen, die
einen Nutzer abonniert haben, werden Follower genannt. Diese sehen auf ihrer Twit-
ter-Startseite Neuigkeiten, also „Tweets", von den Profilen, denen sie folgen. Da jeder
veröffentlichte Tweet jedem zugänglich ist, ist eine geschickte Marketing-Strategie
erforderlich, um möglichst viele neue Follower und somit Fans zu gewinnen.

Sogenannte Hashtags spielen dabei als besondere Form der Verschlagwortung eine
wichtige Rolle. „Hash" steht im Englischen für das Rautenzeichen „#" und „tag" bedeutet Etikett. Möchte man beispielsweise eine junge Schlager-Band vermarkten, so empfiehlt es sich, Hashtags wie #Schlager oder #newcomerband an seinen Tweet anzuhän-
gen. Die Tags dürfen keine Leerzeichen oder Satzzeichen beinhalten. Wenn ein musik-
interessierter Twitter-Nutzer nun nach einem dieser Hashtags sucht, erscheinen ihm
alle Tweets, die diese Stichwörter enthalten.

Hier ein Beispiel für einen Tweet mit Hashtags (Abbildung 1):

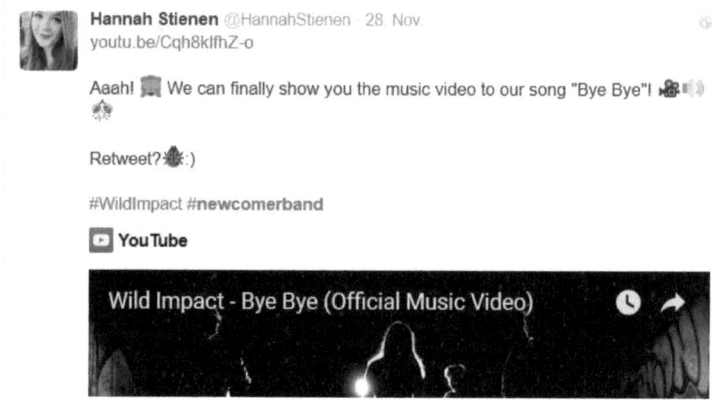

*Abbildung 1: Screenshot eines Tweets mit Hashtags. Quelle: twitter.com, 09.12.2015*

## 4.4 SoundCloud

SoundCloud ist eine Online-Plattform, die sich sowohl auf den Austausch von Musikda-teien zwischen Musikern als auch auf die Vermarktung und Werbung von musikali-schen Werken bei Fans spezialisiert hat. Charakteristisch für SoundCloud ist die Wave-form, in der die Musikstücke angezeigt werden.

Nutzer der Plattform können ihre Lieblingsmusiker einfach per Suchfunktion finden und dann deren Uploads gratis streamen oder, falls der Künstler es erlaubt, downloa-den. Eine Registrierung ist für diese Funktionen nicht notwendig, allerdings empfiehlt es sich, ein Konto zu erstellen, wenn man Musikern folgen, die Teilen- sowie die Kom-mentarfunktion nutzen und Künstler-Vorschläge bekommen möchte.

Für den Musiker ohne Plattenvertrag bietet SoundCloud eine potenziell hohe Reich-weite, immerhin verfügt die Plattform über 250 Mio. aktive Nutzer (Stand September 2013).[13] Der Upload von Dateien bis zu 3 Stunden Spiellänge ist kostenlos.

Als Künstler kann man neben der Funktion, seine Werke zum Streaming und Download anzubieten, auch seine Uploads in andere Websites einbetten. SoundCloud ist eben-falls mit Twitter verknüpft; die hochgeladenen Lieder können bei Twitter geteilt wer-den. Nutzt man als Musiker Digital Audio Workstations wie beispielsweise Cubase,

---

[13] Vgl. http://www.socialmediastatistik.de/soundcloud-mit-250-millionen-nutzern/ (Stand 06.08.2015)

kann man per Add-on fertiggestellte Musikdateien vom Programm aus direkt auf SoundCloud hochladen.

# 5. Musik-Konsumverhalten im Jugendalter

## 5.1 Durchführung der Umfrage und Vorgangsweise bei der Auswertung

Um Musik zu vermarkten, muss der Musiker wissen, wie potenzielle Kunden bezüglich ihres Konsumverhaltens agieren und auf welchem Wege sie ihre Musik beziehen. Vor diesem Hintergrund wurde für die vorliegende Arbeit eine Umfrage unter den Schülern des Bundesrealgymnasiums Körösi durchgeführt. Pro Schulstufe wurden die Schüler einer Klasse befragt, wie oft sie Musik kaufen und in welcher Form sie diese kaufen oder ob sie Musik illegal herunterladen. Außerdem wurden Fragen bezüglich der Vertriebsqualität von Onlineshops und Musikfachgeschäften gestellt und Präferenzen zwischen Download- und Streaming-Konsum eruiert. Sämtliche Statistiken und Matrizen sowie die Fragebögen befinden sich im Anhang dieser Arbeit.

Die insgesamt 168 Probanden beteiligten sich während einer ihrer Musikerziehungsstunden freiwillig und anonym an der Umfrage. Um sinnlose Angaben ausschließen zu können, wurden die Antwortmöglichkeiten per Zufallsprinzip aufsteigend (beispielsweise von „sehr billig" bis „sehr teuer") oder zu Kontrollzwecken absteigend angeordnet. Eine zusätzliche Kontrolle, ob ein Fragebogen gewissenhaft ausgefüllt wurde, stellten zwei Fragestellungen dar, die nur beantwortet werden durften, wenn die vorhergehende Frage bejaht wurde. Fälschlicherweise beantwortete Fragen im Falle einer Verneinung davor ließen die betreffenden Fragen ungültig werden. Es gab keinen Ausschluss eines Fragebogens, da nirgends widersprüchliche Angaben zu finden waren.

Damit die Auswertungsergebnisse übersichtlicher erscheinen, wurde nach Anlegung der ursprünglichen Datenmatrizen eine Umpolung der Fragen in absteigender Reihenfolge vorgenommen (siehe Anhang).

Die acht Schulstufen wurden in drei Gruppen unterteilt, um Unterschiede zwischen den Jugendlichen verschiedener Entwicklungsstufen herauszufinden. Die erste bis dritte Schulstufe wurden in Gruppe „A" zusammengefasst, die vierte bis sechste Schulstu-

fe in Gruppe „B" und die siebente und achte Schulstufe in Gruppe „C". Die Gruppen-
einteilung orientierte sich dabei grob an den Stadien der Pubertät. Die Probanden aus
Gruppe A wurden als vorpubertär, jene aus Gruppe B als pubertierend eingestuft. Die
Siebent- und Achtklässler aus Gruppe C wurden als postpubertär angenommen. Natürlich sind die Grenzen dieser Entwicklungsstadien verschwommen, jedoch musste eine
Unterteilung erfolgen, um die Umfrageergebnisse der einzelnen Probandengruppen
miteinander vergleichbar zu machen. Außerdem wurden weitere Datenmatrizen mit
Prozent-Ausweisung erstellt. Alle Matrizen liegen unterteilt in die Gruppen A, B und C
vor.

## 5.2 Auswertung und Interpretation

### 5.2.1 Konsumverhalten

Untersucht wurden hinsichtlich des Konsumverhaltens die Häufigkeit des Kaufs be-
stimmter Produkte sowie die dafür aufgebrachten Geldmittel. Außerdem wurde, wie
bereits erwähnt, erhoben, ob Musik auch mittels illegalen Downloads bezogen wird
und wie oft dies der Fall ist.

21% der Probanden aus Gruppe A geben an, wöchentlich ein einzelnes Lied bzw. eine
Single zu kaufen. Damit liegt diese Gruppe hinsichtlich der Häufigkeit eines Liedkaufes
weit vor den beiden anderen. Der tägliche Kauf ist mit 3% zwar nicht stark ausgeprägt,
jedoch verschwindet diese Option in den Gruppen B und C vollkommen. In den beiden
älteren Gruppen geben jeweils über 70% an, gar nie einzelne Lieder herunterzuladen,
während dies in Gruppe A nur 27% von sich behaupten (siehe Abbildung 2).

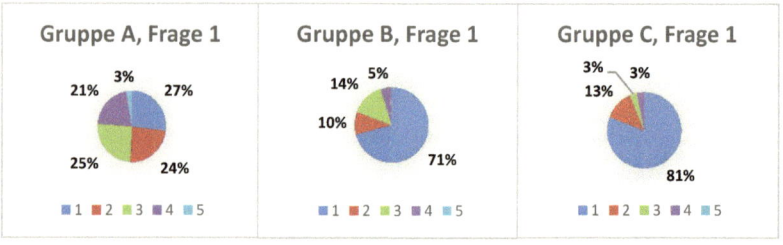

*Abbildung 2: Häufigkeit eines Single-Kaufes von „nie" (Antwortmöglichkeit 1), „3x jährlich" (AM 2), „monatlich"
(AM 3), „wöchentlich" (AM 4) bis „täglich" (AM 5)*

Man sieht in der jüngsten Altersgruppe ein marktfreundliches Kaufverhalten, da sich illegale Downloads vergleichsmäßig in Grenzen halten. Immerhin gab mehr als die Hälfte der Teilnehmer an, nicht gesetzeswidrig Musik herunterzuladen.

Trotz der mit 45% hohen Illegalitätsrate kann von einer industrie- und musikerfreundlichen Zielgruppe gesprochen werden, denn bei den Viert- bis Sechstklässlern erreicht die illegale Nutzung einen Zuspruch von 77% (siehe Abbildung 3). Hier geben auch bereits 71% der Probanden an, einzelne Lieder gar nicht zu kaufen (siehe Abbildung 2). Die Nähe der beiden Werte lässt erahnen, dass sich die meisten Nutzer von illegalen Downloads gänzlich gesetzeswidrig verhalten und für Musik überhaupt nie bezahlen.

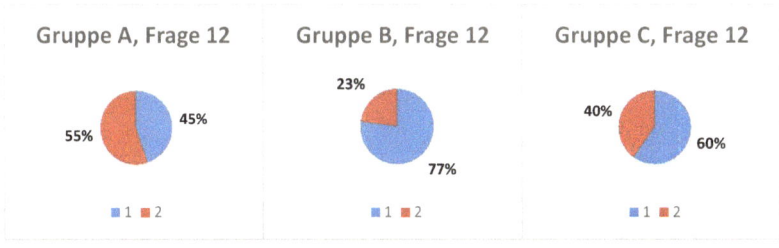

*Abbildung 3: Download-Illegalitätsrate (blau) in den Altersgruppen A, B und C*

Ein weiterer Aspekt, der die Gruppe A als am marktfreundlichsten darstellt, ist die Tatsache, dass mit 54% der Befragten der geringste Anteil von allen drei Gruppen überhaupt kein Geld für den Musikkauf ausgibt (siehe Abbildung 4). Die Erst- bis Drittklässler sind außerdem die einzige Gruppe, die überwiegend Musik als Download sowie auch in Form von CDs oder Platten als nicht zu teuer ansieht. Die Ansicht, Musik sei zu teuer, steigt mit dem Alter der Probanden kontinuierlich (siehe Abbildungen 5 und 6). Dieses Phänomen hängt möglicherweise mit dem nicht vollständig ausgeprägten Vermögen der jüngeren Teilnehmer zusammen, den Wert von Konsumprodukten einzuschätzen. Die Eltern übernehmen noch viele Ausgaben für ihre Kinder.

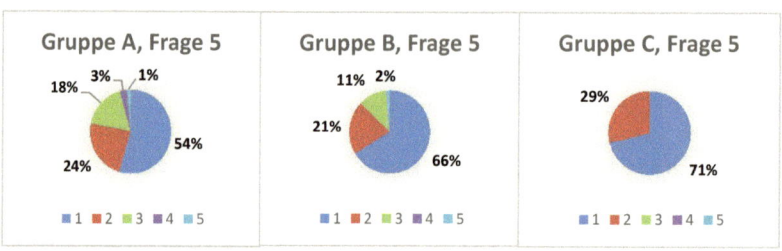

*Abbildung 4: Aufgewandte Geldmittel für den Musikkauf und das Musikstreaming pro Monat (AM 1: „0€", AM 2: „bis zu 10€", AM 3: „10€-20€", AM 4: „20€-30€" und AM 5: „über 30€")*

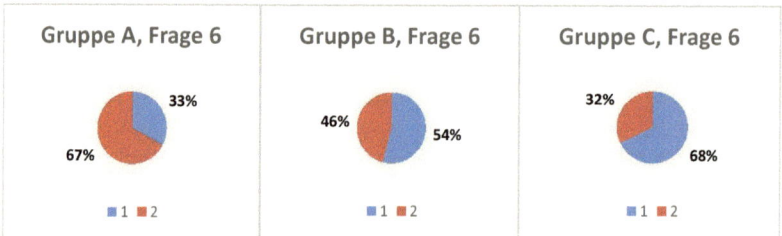

*Abbildung 5: Antworten auf die Frage „Ist dir Musik als Download zu teuer?" (AM 1: „Ja" und AM 2: „Nein")*

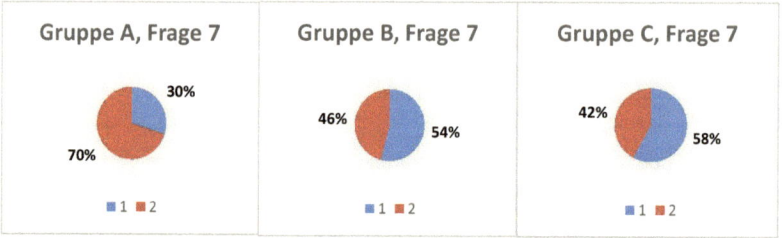

*Abbildung 6: Antworten auf die Frage „Ist dir Musik in Form von CDs/Platten zu teuer?" (AM 1: „Ja" und AM 2: „Nein")*

Die Gruppe der Siebent- und Achtklässler weist zwar einen geringeren Illegalitätsanteil auf als die mittlere Probandengruppe, jedoch geben in der älteren Gruppe noch mehr Schüler an, dass Musik ihnen sowohl in physischer als auch in digitaler Form zu teuer sei. Das Unrechtsbewusstsein dürfte in diesem Alter gestiegen sein, deshalb geben einige Probanden trotz der Anonymität der Umfrage wohl nicht zu, dass sie illegal Musik herunterladen würden.

Ein Grund für die Verringerung der Ausgaben für Musik (siehe Abbildung 4) könnte in Gruppe C die zunehmende Selbstständigkeit der Schüler in Bezug auf die Verwaltung ihrer finanziellen Mittel sein. Zum Beispiel müssen Freizeitaktivitäten vermehrt selbst finanziert werden und so werden Prioritäten für das eigene Budget gesetzt. Während

in Gruppe B 27% der Probanden eine eindeutige Präferenz für das Streaming gegenüber dem Download haben, bevorzugen in Gruppe C 40% die Streaming-Angebote
(siehe Abbildung 7). Das spricht für ein vermehrtes Ausweichen auf kostenlose Ange-
bote. Prominente Anbieter wie Spotify und Apple Music bieten (in Apples Fall jedoch
nur probeweise) Gratis-Services.

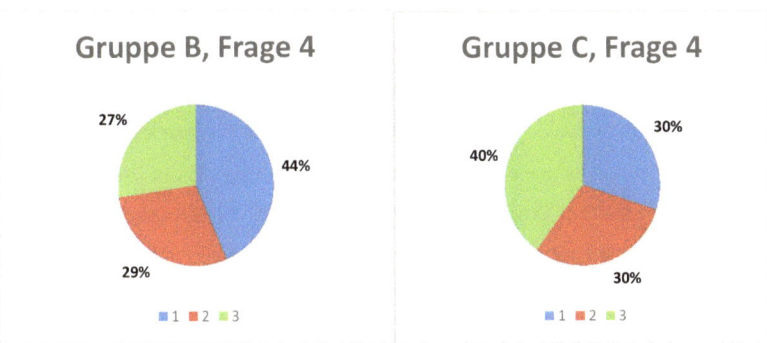

*Abbildung 7: Präferenzen zwischen Downloadplattformen (AM 1) und Streamingdiensten (AM 3); „neutral" (AM 2)*

Der Online-Downloadshop wird in allen befragten Gruppen gegenüber dem Musikfachgeschäft bevorzugt. Während das Online-Angebot in der mittleren Altersgruppe
über 5 Mal so beliebt wie das klassische Geschäft ist, so ist die Bevorzugung von Downloadshops in der ältesten Gruppe nur mehr circa 2 1/2 Mal so hoch (siehe Anhang). Die
Internet-Affinität erreicht wohl in Gruppe B ihren Höhepunkt; in Gruppe C ist es wieder
vermehrt üblich, CDs zu hören. Dies könnte an den gestiegenen Qualitätsansprüchen in
dieser Altersgruppe liegen.

Die letzte Frage sollte erörtern, welche Dienste die Schüler zum Streamen oder Down-
loaden benutzen. Die neun häufigsten Anbieter wurden als Antwortmöglichkeiten vor-
gegeben, wobei diese nur dazu dienten, dass sie von den Probanden nicht extra genannt werden. Eigentliches Ziel der Fragestellung war es also, neue Trends herauszufinden. Es wurde ein freies Feld für eigene Angaben bereitgestellt. „Youtube" war keine Multiple-Choice-Möglichkeit, da es nicht als reines Streaming/Download-Portal de-
finiert werden kann (siehe Kapitel 4.1). Interessanterweise gaben in jeder der acht
Schulstufen mehr als 77% an, Youtube als Streaming/Downloadplattform zu nutzen.
Dies ist vermutlich einerseits auf die Funktion zurückzuführen, Playlists zu erstellen

und somit ganze Alben auf Youtube anzuhören bzw. eben zu streamen; andererseits nutzen einige wohl die Möglichkeit, Youtube-Lieder herunterzuladen.

## 5.2.2 Zufriedenheit mit der Vertriebsqualität

Die Konsumentenzufriedenheit bezüglich der Vertriebswege Musikfachgeschäft und Downloadplattform wurde ebenfalls erörtert.

Hier zeigt sich klar, dass die Schüler mit den Preisen von Online-Angeboten wesentlich zufriedener sind als mit jenen von Musikfachgeschäften. Während in der jüngsten Gruppe noch 11% ihr bevorzugtes Fachgeschäft als sehr günstig bezeichnen, tut das in der ältesten Gruppe niemand mehr. Die preisliche Bevorzugung von Downloadshops zeigt sich auch klar bei Gruppe B: Hier bezeichnen 44% ihre Lieblingsplattform als günstig oder sehr günstig, während dies nur 28% über ihr bevorzugtes Fachgeschäft sagen (siehe Anhang).

Trotz der persönlichen Beratung in Musikfachgeschäften beurteilen die Schüler die Online-Angebote offenbar auch bezüglich des Services besser als die Fachgeschäfte. In Gruppe A bezeichnen 59% die gebotene Leistung des bevorzugten Downloadshops als relativ gut oder sehr gut, während 53% selbiges vom Service des bevorzugten Fachge-schäfts halten. Noch drastischer sind die Ergebnisse von Gruppe B: Hier finden 64% das Service des Downloadshops relativ gut oder gut, aber nur 44% denken dasselbe über ihr bevorzugtes Fachgeschäft. In Gruppe C geben sogar nur mehr 34% an, das Service ihres bevorzugten Musikfachgeschäftes relativ gut bzw. sehr gut zu finden (siehe An-hang).

Die Online-Angebote schneiden also sowohl preislich als auch das Service betreffend deutlich besser ab als die Musikfachgeschäfte. Dies begünstigt den sich selbstvermark-tenden Musiker ohne Plattenvertrag, da der Vertrieb seiner Musik online wesentlich leichter zu bewerkstelligen ist. Näheres dazu im nächsten Kapitel.

# 6. Verkauf von Tonträgern

Allgemein wird bei Tonträgern zwischen physischen Tonträgern und nicht-physischen Tonträgern unterschieden. Physische Tonträger sind in der heutigen Zeit hauptsächlich

CDs und seltener Vinyl-Schallplatten, während nicht-physische Tonträger Musikdateien sind, die aus dem Internet heruntergeladen werden können.

## 6.1 Nicht-physische Tonträger

Für den jungen Musiker ohne Plattenvertrag ist, wie bereits in der Einleitung erwähnt, anfangs der Vertrieb nicht-physischer Tonträger vorzuziehen. Bis auf die Kosten für ein Tonstudio beziehungsweise für die Anschaffung eines Homerecording-Equipments sind bei diesem Vermarktungsweg keine finanziellen Vorschüsse notwendig.

### 6.1.1 iTunes

iTunes gehört zum Unternehmen Apple und ist Marktführer im Musik-Download-geschäft. Es bietet eine riesige Auswahl an Musikstücken zu einheitlichen Preisen. Diese liegen bei € 0,69 für ältere Stücke, € 0,99 für aktuelle Titel und € 1,29 für aktuelle Hits. Die downloadbaren Lieder sind sogenannte AAC-Dateien, was Apples iTunes von den anderen Musikdownloadplattformen unterscheidet, wo MP3-Dateien angeboten werden. Allerdings sind beinahe alle MP3-Player aufgrund der Beliebtheit von iTunes auch AAC-kompatibel.

Als unbekannter Musiker ist es nicht möglich, direkt in die iTunes-Datenbank für Verkäufe zu gelangen, jedoch kooperiert iTunes mit so genannten Aggregatoren, die es ermöglichen, über einen kleinen Umweg in die Datenbank zu gelangen.

### 6.1.2 Spotify

Spotify ist ein Streamingdienst. Das bedeutet, dass die Musik, anders als bei Down-loadpattformen, nicht heruntergeladen und auf einer Festplatte abgespeichert wird, sondern lediglich aus dem Internet abgespielt wird. Ein Vorteil dieses Angebots ist, dass eine enorm große Zahl an Interpreten und Titeln zur Auswahl steht, auf die überall zugegriffen werden kann, sofern eine Internetverbindung verfügbar ist. Voraussetzung für die Nutzung des Dienstes ist ein Spotify-Account. Die Registrierung ist entweder mit einem Facebook-Konto möglich oder per Registrierung mit der E-Mail-Adresse. Der angemeldete Nutzer hat die Möglichkeit, das Gratis-Angebot zu nutzen oder um € 9,99 pro Monat einen Premium-Vertrag abzuschließen. Die Nachteile bei kostenloser Nutzung sind, dass nach jeweils drei gestreamten Liedern eine 45-sekündige Werbung abgespielt wird und weiters, dass auf mobilen Geräten wie Handys und Tablets nur die

„Shuffle-Play"-Funktion verfügbar ist. „Shuffle-Play" bedeutet, dass der Nutzer zwar ein Album auswählen kann, das er hören möchte, jedoch werden die darauf befindlichen Lieder in zufälliger Reihenfolge abgespielt. Auch einzelne Lieder können in der Gratis-Version nicht gewählt werden.

## 6.2 Aggregatoren

*„Aggregatoren sind Dienstleister, die Medieninhalte wie Musik sammeln und sie Downloadshops wie Musicload, iTunes, eMusic, MSN Music etc. [...] anbieten."*[14]

Da es sehr viele Downloadshops gibt und immer wieder welche von der Bildfläche verschwinden und neue entstehen, nehmen Aggregatoren ständig neue Shops in ihr Sortiment auf, um nicht an Aktualität zu verlieren. Neben dem Verkauf bei Partnern bieten Aggregatoren auch oft den direkten Verkauf auf ihrer eigenen Homepage an.

Aggregatoren behalten in etwa 0-30% des Umsatzes, abhängig von deren Angebot.[15]

Einige gängige Aggregatoren sind: www.zimbalam.de, www.cdbaby.com, www.tunecore.com sowie www.trackbytrack.com.

Bei der Auswahl des Aggregators sollte man auf das Angebot von Onlineshops sowie auf den prozentuellen Einbehalt des Umsatzes achten.

## 6.3 Eigene Wahl des Aggregators

Für die Veröffentlichung der EP „The Beginning" der Band Destroyed Society (Anm.: der Verfasser dieser Arbeit ist Bandmitglied) in Onlineshops wurde der Aggregator www.zimbalam.de gewählt.

Zimbalam bietet auf seiner Homepage unter der Rubrik „Warum Zimbalam?" Vergleiche mit den beiden Hauptkonkurrenten CD Baby und Tunecore. Aus der Tabelle sind finanzielle Vorteile gegenüber der Konkurrenz ersichtlich, vor allem, wenn man seine Musik über mehrere Jahre in Onlineshops anbieten möchte. So verspricht man den Kunden 90% des Umsatzes aus Verkäufen und Streams. Die Kosten für die Veröffentlichung eines Albums (3 oder mehr Tracks) betragen bei Zimbalam € 34,99 für unbe-

---

[14] Dathe, Michael: Internetbasierte Selbstvermarktung für Musiker. Chancen und Risiken durch den Wandel von Musikindustrie und Web. München: Grin Verlag GmbH, 2010, S. 46.
[15] Vgl. Dathe, Internetbasierte Selbstvermarktung für Musiker, S. 47.

grenzte Zeit. Tunecore ist bei der Veröffentlichung mit € 23,00 zwar billiger, allerdings kostet jede weitere Verlängerung um ein Jahr € 37,00. Jedoch schüttet Tunecore 100% des Umsatzes an den Künstler aus, was die Plattform für bekannte Musiker interessant macht, die mit vielen Verkäufen rechnen können. CD Baby ist mit einer Veröffentlichungsgebühr von € 36,00 teurer als Zimbalam und behält auch 1% mehr Umsatz ein.[16]

Um neue Kunden anzuwerben, lockt Zimbalam oft mit Vergünstigungen. Im Fall der Band Destroyed Society war ein Gutschein von Zimbalam, der dem Starterpaket des österreichischen SPH Bandcontests beigefügt war, ausschlaggebend für die Wahl ebendieses Aggregators.

Die Anmeldung bei Zimbalam ist kostenlos. Nach der Wahl eines Benutzernamens und Passworts kann man eine Single (bis zu 2 Lieder) um € 24,99 anlegen oder ein Album (3+ Lieder) um € 34,99. Im ersten Schritt fordert der Aggregator den Nutzer auf, den Namen des Albums sowie den Namen des Interpreten anzugeben. Optional kann man einen Labelnamen angeben; bei Musikern ohne Plattenvertrag empfiehlt es sich, sich einen eigenen, nicht geschützten Labelnamen auszudenken. Außerdem ist das Produktionsjahr zu vermerken. Im nächsten Schritt wählt der Künstler das gewünschte Erscheinungsdatum seines Werkes. Dieses sollte mindestens 4 Wochen in der Zukunft liegen, da die Veröffentlichung in Onlineshops meist etwas Zeit benötigt. Der Musiker kann einen Preis für sein Werk bestimmen und die Musikstores auswählen, in denen sein Werk verfügbar sein soll. Destroyed Society wählten für ihre EP einen Preis von 3,99€ für fünf Lieder. Außerdem ist ihr Album in allen von Zimbalam angebotenen Stores verfügbar. Sollte man jedoch nicht mit den Konditionen eines bestimmten Anbieters zufrieden sein, empfiehlt es sich, einen anderen zu wählen. Schritt 3 erfordert das Hochladen des Cover-Artworks im üblichen Fotoformat jpeg. Der nächste Schritt, die Titelverwaltung, dient der Angabe der Titelnamen, der Sprache in der gesungen wird sowie dem Uploads der Musikdateien. Anzugeben ist noch, ob die Musik vom Interpreten selbst geschrieben wurde oder ob es sich um ein Cover oder Medley eines anderen Künstlers handelt. Im letzten Schritt fasst der Aggregator noch einmal alle Angaben zusammen. Hat man alle Onlinestores ausgewählt, gibt Zimbalam darüber

---

[16] Vgl. http://www.zimbalam.de/warum-zimbalam (Stand 06.08.2015)

Auskunft, das Werk am Erscheinungsdatum in 240 Ländern zu veröffentlichen. Bezahlt werden kann per Kreditkarte oder paypal.

Ist das Werk veröffentlicht, kann man seine „Real-Time-Verkäufe" einsehen, also in welcher Form (Album, einzelner Track oder Stream) die Musik gekauft wurde, in welchen Ländern und wie oft. Sobald man mindestens € 20,00 an den Verkäufen verdient hat, schüttet Zimbalam vierteljährlich die Einnahmen an das angegebene Konto aus.

## 6.4 Physische Tonträger

Wenn die Nachfrage nach non-physischen Tonträgern einigermaßen angelaufen ist, kann man den Verkauf physischer Tonträger in Erwägung ziehen.

Die einfachste Möglichkeit stellt ein E-Mail-Button auf der Homepage des Musikers dar, mit dem Verweis, dass per E-Mail CD-Bestellungen aufgenommen werden. Der Musiker sollte vermerken, wie viel Geld an welche Kontonummer zu überweisen ist und den Kunden dazu auffordern, seine Adresse in die E-Mail zu schreiben, um den Versand zu gewährleisten.

Möchte der Musiker jedoch ein professionelleres Bestellsystem benutzen, gibt es die Möglichkeit eines Orderformulars. Hier erfährt der Kunde die Details des Angebots, also Preis und Lieferzeit sowie Versandkosten. Entschließt sich der Käufer, die Ware zu bestellen, erhalten sowohl er selbst als auch der Verkäufer eine Benachrichtigung, meist per E-Mail. Nach Überprüfung des Zahlungseingangs durch den Verkäufer kann der Versand abgewickelt werden. Der Nachteil dieser Variante besteht darin, dass ein Orderformular nur mit ausgezeichneten Informatikkenntnissen erstellt werden kann und deshalb im Regelfall kostspielige professionelle Hilfe eines Experten benötigt wird. Dieses investierte Geld kann sich jedoch schnell bezahlt machen, da die Orderformular-Methode seriöser wirkt als erstgenannte.

## 7. Fazit und Ausblick

In diesem Kapitel werden noch einmal die grundlegenden Erkenntnisse und Eckpfeiler dieser vorwissenschaftlichen Arbeit zusammengefasst. Außerdem wird ein Ausblick auf die nächsten Jahre geworfen.

Die Tonträgerindustrie wird sich auf eine verstärkte Digitalisierung des Marktes einstellen müssen. In Kapitel 2.2.1 wurden die Statistiken des IFPI Musikmarkt Katalog 2014 beschrieben, aus denen eine deutliche Umsatzsteigerung um 33% im Bereich des Streaming gegenüber dem Vorjahr hervorgeht. Während im Jahr 2014 der physische Markt noch mit 84,3 Millionen Euro Umsatz gegenüber den 30,2 Millionen Euro Umsatz des digitalen Marktes eindeutig dominant war, so werden sich diese Zahlen zunehmend zu Gunsten des Onlinemarkts verändern, wenn auch beide Bereiche laut IFPI rückläufig sind (siehe Abbildung 8).

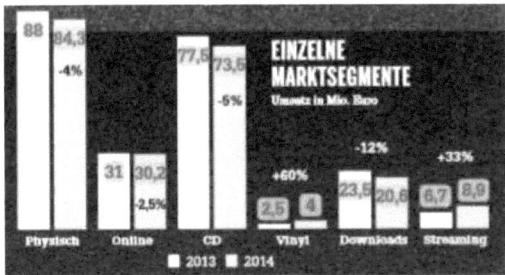

*Abbildung 8: Einzelne Marktsegmente im Jahresvergleich (Quelle: IFPI Marktbericht 2014)*

Die Diagramme in Abb. 8 zeigen jedoch, dass der physische Markt stärker rückläufig ist als der Onlinemarkt. Außerdem sind die Streaming-Angebote noch relativ jung und unbekannt, daher kann man von einer weiteren Umsatzsteigerung in diesem Bereich ausgehen.

Die offene Frage des für diese Arbeit erstellten Fragebogens zeigt, dass Youtube zurzeit die meistgenutzte Plattform unter Jugendlichen ist, um Musik zu beziehen (siehe Abbildung 9). Wichtig ist daher der Fokus auf die sozialen Netzwerke, um als sich selbstvermarktender Musiker ein breites Publikum zu erreichen und mit den etablierten Künstlern mitzuhalten.

Youtube ist für die Musiker zwar nicht so lukrativ wie der Vertrieb über Downloadplattformen, jedoch ist die starke Nutzung des Videoportals zu akzeptieren und auch zu unterstützen. Außerdem bietet Youtube mit der Monetarisierung die Möglichkeit, Gewinn aus seinen Werken zu schöpfen; allerdings nur mit Hilfe fremder Werbung, die bei den eigenen Musikvideos eingeblendet wird.

Ein Problem stellen hierbei nach wie vor illegale Uploads dar. Urheberrechtsgesell-schaften, wie die AKM in Österreich, sind gefordert, im Namen ihrer Kunden (also der Musiker) bessere Abkommen mit Youtube zu treffen, um den Urheberrechtsschutz zu gewährleisten.

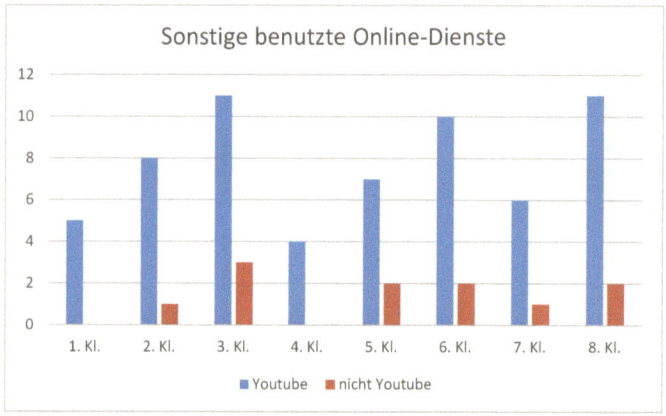

*Abbildung 9: Sonstige benutzte Online-Dienste, aufgeschlüsselt nach Youtube- und nicht-Youtube-Diensten*

Bei den sozialen Netzwerken wie Facebook, Google+ und Twitter ist das Wichtigste, seine Fans am Laufenden zu halten, indem regelmäßig Postings veröffentlicht werden. Einblicke in das musikalische Schaffen, anhand von Fotos oder Videos, wirken beson-ders ansprechend, da so das Zugehörigkeitsgefühl der Fans verstärkt werden kann. Keinesfalls sollten nur die eigenen Aufnahmen veröffentlicht werden, ohne persönliche Anekdoten zu posten. Besonders bei Twitter ist besonderes Augenmerk auf die Hash-tag-Setzung zu legen, da die Suche darauf basiert. Gute Hashtag-Markierungen sorgen also dafür, von potenziellen Fans leicht gefunden zu werden.

Beim Vertrieb sind vor allem anfangs virtuelle Varianten zu wählen, da nicht-physische Tonträger keine finanziellen Vorschüsse benötigen. Anders ist dies bei physischen Ton-trägern, hier fallen Materialkosten an, beispielsweise für CD-Rohlinge und Cover. Ein weiteres Hindernis bei der CD-Vermarktung ist, dass es ohne Plattenvertrag keine Möglichkeit gibt, seine Platten im Fachgeschäft vertreiben zu lassen. Mittels Aggrega-tor-Dienstleistern ist der Online-Vertrieb von MP3-Dateien in bekannten Down-loadshops jedoch kein Problem.

# Literaturverzeichnis

Buchquellen

1. Conrad, Jan-Friedrich: Recording. Einführung in die Technik der Musikproduktion. Bergkirchen: PPVMEDIEN Verlag, 2012.
2. Dathe, Michael: Internetbasierte Selbstvermarktung für Musiker. Chancen und Risiken durch den Wandel von Musikindustrie und Web. München: Grin Verlag GmbH, 2010.
3. Hein, Andreas: WEB 2.0. Das müssen Sie wissen. Planegg: Rudolf Haufe Verlag, 2007.
4. Oderinde, Alice: Im Netz spielt die Musik. Das Internet als Herausforderung für die Musikindustrie. Marburg: Tectum Verlag, 2010.

Internetquellen

1. http://de.facebook.com (Stand 31.05.2014)
2. http://investor.fb.com/releasedetail.cfm?ReleaseID=908022 (Stand 25.01.2015)
3. http://support.google.com/youtube/answer/2490020?hl=de (Stand 29.07.2015)
4. http://wirtschaftsblatt.at/home/nachrichten/oesterreich/wien/4735724/Musik branche_KonzertVeranstalter-kommen-unter-Druck (Stand 27.07.2015)
5. http://www.ifpi.at/uploads/IFPI-Musikmarkt2014.pdf (Stand 27.07.2015)
6. http://www.musicaustria.at/mica/praxiswissen/labels (Stand 27.07.2015)
7. http://www.socialmediastatistik.de/soundcloud-mit-250-millionen-nutzern/ (Stand 06.08.2015)
8. http://www.zimbalam.de/warum-zimbalam (Stand 06.08.2015)

# Abbildungsverzeichnis

# Anhang

## Fragebogen zum Musik-Konsumverhalten von GymnasiastInnen am Beispiel des BRG Körösistraße, Graz

*Liebe Schülerinnen und Schüler! Für meine Vorwissenschaftliche Arbeit brauche ich Eure Mithilfe. Ich bitte Euch, den Fragebogen gewissenhaft auszufüllen, um mir wichtige Informationen für meine Arbeit zu liefern. Natürlich ist die Befragung anonym!*

1. **Wie oft kaufst du ein einzelnes Lied/eine Single?** (z.B. in Onlineshops als Download oder im Musikfachgeschäft)

   | täglich | wöchentlich | monatlich | 3x jährlich | nie |
   |---|---|---|---|---|
   | ☐ | ☐ | ☐ | ☐ | ☐ |

2. **Wie oft kaufst du ein ganzes Album?** (z.B. in Onlineshops als Download oder im Musikfachgeschäft)

   | nie | 3x jährlich | monatlich | wöchentlich | täglich |
   |---|---|---|---|---|
   | ☐ | ☐ | ☐ | ☐ | ☐ |

3. **Bevorzugst du Onlineshops oder Musikfachgeschäfte?**

   | Online | beides gleich | Geschäft |
   |---|---|---|
   | ☐ | ☐ | ☐ |

4. **Bevorzugst du den Download oder das Streaming** (=*Übertragung über das Web*) **von Musik?**

   | Download | beides gleich | Streaming |
   |---|---|---|
   | ☐ | ☐ | ☐ |

5. **Wie viel Geld gibst du für den Musikkauf oder das Musikstreaming durchschnittlich pro Monat aus?**

   | 0€ | bis zu 10€ | 10€-20€ | 20€-30€ | über 30€ |
   |---|---|---|---|---|
   | ☐ | ☐ | ☐ | ☐ | ☐ |

6. **Ist dir Musik als Download zu teuer?**

   | Ja | Nein |
   |---|---|
   | ☐ | ☐ |

7. **Ist dir Musik in Form von CDs/Platten zu teuer?**

   | Ja | Nein |
   |---|---|
   | ☐ | ☐ |

8. **Wie bewertest du deine bevorzugte Downloadplattform bezüglich des Preises?**

   | sehr teuer | relativ teuer | weder - noch | relativ günstig | sehr günstig |
   |---|---|---|---|---|
   | ☐ | ☐ | ☐ | ☐ | ☐ |

1

9. Wie bewertest du dein bevorzugtes Musikfachgeschäft bezüglich des Preises?

sehr günstig    relativ günstig    weder - noch    relativ teuer    sehr teuer

☐     ☐     ☐     ☐     ☐

10. Wie bewertest du deine bevorzugte Downloadplattform bezüglich des Services?

sehr gut    relativ gut    weder - noch    relativ schlecht    sehr schlecht

☐     ☐     ☐     ☐     ☐

11. Wie bewertest du dein bevorzugtes Musikfachgeschäft bezüglich des Services?

sehr schlecht    relativ schlecht    weder - noch    relativ gut    sehr gut

☐     ☐     ☐     ☐     ☐

12. Lädst du illegal Musik im Internet herunter?

Ja       Nein

☐     ☐

    a. Falls ja, wie oft machst du das?

monatlich    wöchentlich    täglich

☐     ☐     ☐

    b. Falls ja, welche Mengen lädst du normalerweise auf einmal herunter?

ein Lied    ein Album    mehrere Alben

☐     ☐     ☐

13. Welche Onlineplattformen benutzt du zum Streamen/Downloaden? (Mehrfachnennungen möglich!)

☐   iTunes Store
☐   Apple Music
☐   Amazon Music
☐   Spotify
☐   Juke
☐   eMusic
☐   Google Play Store
☐   Napster
☐   Deezer

Sonstige: _____

**Vielen Dank für Deine Mithilfe!** ☺

2

30

## Ursprüngliche Datenmatrix, Gruppe A

| n = 68 | 1 | 2 | 3 | 4 | 5 | x | y | Summe |
|---|---|---|---|---|---|---|---|---|
| 1. | 2 | 14 | 17 | 16 | 18 | 67 | 1 | 68 |
| 2. | 30 | 25 | 10 | 2 | 0 | 67 | 1 | 68 |
| 3. | 33 | 17 | 17 | | | 67 | 1 | 68 |
| 4. | 28 | 26 | 13 | | | 67 | 1 | 68 |
| 5. | 37 | 16 | 12 | 2 | 1 | 68 | 0 | 68 |
| 6. | 21 | 43 | | | | 64 | 4 | 68 |
| 7. | 20 | 47 | | | | 67 | 1 | 68 |
| 8. | 2 | 3 | 34 | 12 | 15 | 66 | 2 | 68 |
| 9. | 7 | 17 | 30 | 7 | 3 | 64 | 4 | 68 |
| 10. | 11 | 29 | 20 | 5 | 2 | 67 | 1 | 68 |
| 11. | 1 | 2 | 24 | 20 | 10 | 57 | 11 | 68 |
| 12. | 30 | 37 | | | | 67 | 1 | 68 |
| 12.a. | 13 | 12 | 3 | | | 28 | 40 | 68 |
| 12.b. | 21 | 5 | 4 | | | 30 | 38 | 68 |

x … #abgegebene Antworten

y … #nicht abgegebene Antworten

1. bis 12.b. (senkrecht) … Fragen laut Fragebogen

1 bis 5 (waagrecht) … Antworten laut Fragebogen; von links nach rechts nummeriert

n … Anzahl der Probanden

## Ursprüngliche Datenmatrix, Gruppe B

| n = 62 | 1 | 2 | 3 | 4 | 5 | x | y | Summe |
|---|---|---|---|---|---|---|---|---|
| 1. | 0 | 3 | 9 | 6 | 44 | 62 | 0 | 62 |
| 2. | 43 | 11 | 7 | 0 | 1 | 62 | 0 | 62 |
| 3. | 36 | 18 | 7 | | | 61 | 1 | 62 |
| 4. | 27 | 18 | 17 | | | 62 | 0 | 62 |
| 5. | 41 | 13 | 7 | 0 | 1 | 62 | 0 | 62 |
| 6. | 33 | 28 | | | | 61 | 1 | 62 |
| 7. | 33 | 28 | | | | 61 | 1 | 62 |
| 8. | 0 | 7 | 28 | 9 | 18 | 62 | 0 | 62 |
| 9. | 5 | 11 | 32 | 8 | 2 | 58 | 4 | 62 |
| 10. | 14 | 25 | 21 | 1 | 0 | 61 | 1 | 62 |
| 11. | 1 | 4 | 27 | 17 | 9 | 58 | 4 | 62 |
| 12. | 47 | 14 | | | | 61 | 1 | 62 |
| 12.a. | 18 | 14 | 15 | | | 47 | 15 | 62 |
| 12.b. | 28 | 15 | 4 | | | 47 | 15 | 62 |

x … #abgegebene Antworten

y … #nicht abgegebene Antworten

1. bis 12.b. (senkrecht) … Fragen laut Fragebogen

1 bis 5 (waagrecht) … Antworten laut Fragebogen; von links nach rechts nummeriert

n … Anzahl der Probanden

## Ursprüngliche Datenmatrix, Gruppe C

| n = 31 | 1 | 2 | 3 | 4 | 5 | x | y | Summe |
|--------|---|---|---|---|---|---|---|-------|
| 1. | 0 | 1 | 1 | 4 | 25 | 31 | 0 | 31 |
| 2. | 23 | 6 | 2 | 0 | 0 | 31 | 0 | 31 |
| 3. | 16 | 8 | 6 | | | 30 | 1 | 31 |
| 4. | 9 | 9 | 12 | | | 30 | 1 | 31 |
| 5. | 22 | 9 | 0 | 0 | 0 | 31 | 0 | 31 |
| 6. | 21 | 10 | | | | 31 | 0 | 31 |
| 7. | 18 | 13 | | | | 31 | 0 | 31 |
| 8. | 2 | 4 | 16 | 2 | 5 | 29 | 2 | 31 |
| 9. | 0 | 4 | 17 | 6 | 0 | 27 | 4 | 31 |
| 10. | 8 | 7 | 12 | 2 | 0 | 29 | 2 | 31 |
| 11. | 0 | 1 | 16 | 3 | 6 | 26 | 5 | 31 |
| 12. | 18 | 12 | | | | 30 | 1 | 31 |
| 12.a. | 5 | 6 | 5 | | | 16 | 15 | 31 |
| 12.b. | 10 | 2 | 4 | | | 16 | 15 | 31 |

x ... #abgegebene Antworten

y ... #nicht abgegebene Antworten

1. bis 12.b. (senkrecht) ... Fragen laut Fragebogen

1 bis 5 (waagrecht) ... Antworten laut Fragebogen; von links nach rechts nummeriert

n ... Anzahl der Probanden

## Fragebogen zum Musik-Konsumverhalten von GymnasiastInnen am Beispiel des BRG Körösistraße, Graz

*Liebe Schülerinnen und Schüler! Für meine Vorwissenschaftliche Arbeit brauche ich Eure Mithilfe. Ich bitte Euch, den Fragebogen gewissenhaft auszufüllen, um mir wichtige Informationen für meine Arbeit zu liefern. Natürlich ist die Befragung anonym!*

1. **Wie oft kaufst du ein einzelnes Lied/eine Single?** (z.B. in Onlineshops als Download oder im Musikfachgeschäft)

   | nie | 3x jährlich | monatlich | wöchentlich | täglich |
   |---|---|---|---|---|
   | ☐ | ☐ | ☐ | ☐ | ☐ |

2. **Wie oft kaufst du ein ganzes Album?** (z.B. in Onlineshops als Download oder im Musikfachgeschäft)

   | nie | 3x jährlich | monatlich | wöchentlich | täglich |
   |---|---|---|---|---|
   | ☐ | ☐ | ☐ | ☐ | ☐ |

3. **Bevorzugst du Onlineshops oder Musikfachgeschäfte?**

   | Online | beides gleich | Geschäft |
   |---|---|---|
   | ☐ | ☐ | ☐ |

4. **Bevorzugst du den Download oder das Streaming** (=*Übertragung über das Web*) **von Musik?**

   | Download | beides gleich | Streaming |
   |---|---|---|
   | ☐ | ☐ | ☐ |

5. **Wie viel Geld gibst du für den Musikkauf oder das Musikstreaming durchschnittlich pro Monat aus?**

   | 0€ | bis zu 10€ | 10€-20€ | 20€-30€ | über 30€ |
   |---|---|---|---|---|
   | ☐ | ☐ | ☐ | ☐ | ☐ |

6. **Ist dir Musik als Download zu teuer?**

   | Ja | Nein |
   |---|---|
   | ☐ | ☐ |

7. **Ist dir Musik in Form von CDs/Platten zu teuer?**

   | Ja | Nein |
   |---|---|
   | ☐ | ☐ |

8. **Wie bewertest du deine bevorzugte Downloadplattform bezüglich des Preises?**

   | sehr günstig | relativ günstig | weder - noch | relativ teuer | sehr teuer |
   |---|---|---|---|---|
   | ☐ | ☐ | ☐ | ☐ | ☐ |

1

9. **Wie bewertest du dein bevorzugtes Musikfachgeschäft bezüglich des Preises?**

| sehr günstig | relativ günstig | weder - noch | relativ teuer | sehr teuer |
|:---:|:---:|:---:|:---:|:---:|
| ☐ | ☐ | ☐ | ☐ | ☐ |

10. **Wie bewertest du deine bevorzugte Downloadplattform bezüglich des Services?**

| sehr schlecht | relativ schlecht | weder - noch | relativ gut | sehr gut |
|:---:|:---:|:---:|:---:|:---:|
| ☐ | ☐ | ☐ | ☐ | ☐ |

11. **Wie bewertest du dein bevorzugtes Musikfachgeschäft bezüglich des Services?**

| sehr schlecht | relativ schlecht | weder - noch | relativ gut | sehr gut |
|:---:|:---:|:---:|:---:|:---:|
| ☐ | ☐ | ☐ | ☐ | ☐ |

12. **Lädst du illegal Musik im Internet herunter?**

| Ja | Nein |
|:---:|:---:|
| ☐ | ☐ |

    a. **Falls ja, wie oft machst du das?**

| monatlich | wöchentlich | täglich |
|:---:|:---:|:---:|
| ☐ | ☐ | ☐ |

    b. **Falls ja, welche Mengen lädst du normalerweise auf einmal herunter?**

| ein Lied | ein Album | mehrere Alben |
|:---:|:---:|:---:|
| ☐ | ☐ | ☐ |

13. **Welche Onlineplattformen benutzt du zum Streamen/Downloaden?** (Mehrfachnennungen möglich!)

- ☐ iTunes Store
- ☐ Apple Music
- ☐ Amazon Music
- ☐ Spotify
- ☐ Juke
- ☐ eMusic
- ☐ Google Play Store
- ☐ Napster
- ☐ Deezer

Sonstige: _____

**Vielen Dank für Deine Mithilfe!** ☺

2

## Umgepolte Datenmatrix mit Prozentausweisung, Gruppe A

| n = 68 | 1 | 2 | 3 | 4 | 5 | x | y | Summe |
|---|---|---|---|---|---|---|---|---|
| 1. | 18 | 16 | 17 | 14 | 2 | 67 | 1 | 68 |
|  | 27% | 24% | 25% | 21% | 3% |  |  | 100% |
| 2. | 30 | 25 | 10 | 2 | 0 | 67 | 1 | 68 |
|  | 45% | 37% | 15% | 3% | 0% |  |  | 100% |
| 3. | 33 | 17 | 17 |  |  | 67 | 1 | 68 |
|  | 49% | 25% | 25% |  |  |  |  | 100% |
| 4. | 28 | 26 | 13 |  |  | 67 | 1 | 68 |
|  | 42% | 39% | 19% |  |  |  |  | 100% |
| 5. | 37 | 16 | 12 | 2 | 1 | 68 | 0 | 68 |
|  | 54% | 24% | 18% | 3% | 1% |  |  | 100% |
| 6. | 21 | 43 |  |  |  | 64 | 4 | 68 |
|  | 33% | 67% |  |  |  |  |  | 100% |
| 7. | 20 | 47 |  |  |  | 67 | 1 | 68 |
|  | 30% | 70% |  |  |  |  |  | 100% |
| 8. | 15 | 12 | 34 | 3 | 2 | 66 | 2 | 68 |
|  | 23% | 18% | 52% | 5% | 3% |  |  | 100% |
| 9. | 7 | 17 | 30 | 7 | 3 | 64 | 4 | 68 |
|  | 11% | 27% | 47% | 11% | 5% |  |  | 100% |
| 10. | 2 | 5 | 20 | 29 | 11 | 67 | 1 | 68 |
|  | 3% | 7% | 30% | 43% | 16% |  |  | 100% |
| 11. | 1 | 2 | 24 | 20 | 10 | 57 | 11 | 68 |
|  | 2% | 4% | 42% | 35% | 18% |  |  | 100% |
| 12. | 30 | 37 |  |  |  | 67 | 1 | 68 |
|  | 45% | 55% |  |  |  |  |  | 100% |
| 12.a. | 13 | 12 | 3 |  |  | 28 | 40 | 68 |
|  | 46% | 43% | 11% |  |  |  |  | 100% |
| 12.b. | 21 | 5 | 4 |  |  | 30 | 38 | 68 |
|  | 70% | 17% | 13% |  |  |  |  | 100% |

x ... #abgegebene Antworten

y ... #nicht abgegebene Antworten

1. bis 12.b. (senkrecht) ... Fragen laut Fragebogen

1 bis 5 (waagrecht) ... Antworten laut Fragebogen; von links nach rechts nummeriert

n ... Anzahl der Probanden

## Umgepolte Datenmatrix mit Prozentausweisung, Gruppe B

| n = 62 | 1 | 2 | 3 | 4 | 5 | x | y | Summe |
|--------|-----|-----|-----|-----|-----|----|----|-------|
| 1. | 44 | 6 | 9 | 3 | 0 | 62 | 0 | 62 |
|  | 71% | 10% | 15% | 5% | 0% |  |  | 100% |
| 2. | 43 | 11 | 7 | 0 | 1 | 62 | 0 | 62 |
|  | 69% | 18% | 11% | 0% | 2% |  |  | 100% |
| 3. | 36 | 18 | 7 |  |  | 61 | 1 | 62 |
|  | 59% | 30% | 11% |  |  |  |  | 100% |
| 4. | 27 | 18 | 17 |  |  | 62 | 0 | 62 |
|  | 44% | 29% | 27% |  |  |  |  | 100% |
| 5. | 41 | 13 | 7 | 0 | 1 | 62 | 0 | 62 |
|  | 66% | 21% | 11% | 0% | 2% |  |  | 100% |
| 6. | 33 | 28 |  |  |  | 61 | 1 | 62 |
|  | 54% | 46% |  |  |  |  |  | 100% |
| 7. | 33 | 28 |  |  |  | 61 | 1 | 62 |
|  | 54% | 46% |  |  |  |  |  | 100% |
| 8. | 18 | 9 | 28 | 7 | 0 | 62 | 0 | 62 |
|  | 29% | 15% | 45% | 11% | 0% |  |  | 100% |
| 9. | 5 | 11 | 32 | 8 | 2 | 58 | 4 | 62 |
|  | 9% | 19% | 55% | 14% | 3% |  |  | 100% |
| 10. | 0 | 1 | 21 | 25 | 14 | 61 | 1 | 62 |
|  | 0% | 2% | 34% | 41% | 23% |  |  | 100% |
| 11. | 1 | 4 | 27 | 17 | 9 | 58 | 4 | 62 |
|  | 2% | 7% | 47% | 29% | 16% |  |  | 100% |
| 12. | 47 | 14 |  |  |  | 61 | 1 | 62 |
|  | 77% | 23% |  |  |  |  |  | 100% |
| 12.a. | 18 | 14 | 15 |  |  | 47 | 15 | 62 |
|  | 38% | 30% | 32% |  |  |  |  | 100% |
| 12.b. | 28 | 15 | 4 |  |  | 47 | 15 | 62 |
|  | 60% | 32% | 9% |  |  |  |  | 100% |

x ... #abgegebene Antworten

y ... #nicht abgegebene Antworten

1. bis 12.b. (senkrecht) ... Fragen laut Fragebogen

1 bis 5 (waagrecht) ... Antworten laut Fragebogen; von links nach rechts nummeriert

n ... Anzahl der Probanden

## Umgepolte Datenmatrix mit Prozentausweisung, Gruppe C

| n = 31 | 1 | 2 | 3 | 4 | 5 | x | y | Summe |
|--------|------|------|------|------|------|----|----|-------|
| 1. | 25 | 4 | 1 | 1 | 0 | 31 | 0 | 31 |
| | 81% | 13% | 3% | 3% | 0% | | | 100% |
| 2. | 23 | 6 | 2 | 0 | 0 | 31 | 0 | 31 |
| | 74% | 19% | 6% | 0% | 0% | | | 100% |
| 3. | 16 | 8 | 6 | | | 30 | 1 | 31 |
| | 53% | 27% | 20% | | | | | 100% |
| 4. | 9 | 9 | 12 | | | 30 | 1 | 31 |
| | 30% | 30% | 40% | | | | | 100% |
| 5. | 22 | 9 | 0 | 0 | 0 | 31 | 0 | 31 |
| | 71% | 29% | 0% | 0% | 0% | | | 100% |
| 6. | 21 | 10 | | | | 31 | 0 | 31 |
| | 68% | 32% | | | | | | 100% |
| 7. | 18 | 13 | | | | 31 | 0 | 31 |
| | 58% | 42% | | | | | | 100% |
| 8. | 5 | 2 | 16 | 4 | 2 | 29 | 2 | 31 |
| | 17% | 7% | 55% | 14% | 7% | | | 100% |
| 9. | 0 | 4 | 17 | 6 | 0 | 27 | 4 | 31 |
| | 0% | 15% | 63% | 22% | 0% | | | 100% |
| 10. | 0 | 2 | 12 | 7 | 8 | 29 | 2 | 31 |
| | 0% | 7% | 41% | 24% | 28% | | | 100% |
| 11. | 0 | 1 | 16 | 3 | 6 | 26 | 5 | 31 |
| | 0% | 4% | 62% | 12% | 23% | | | 100% |
| 12. | 18 | 12 | | | | 30 | 1 | 31 |
| | 60% | 40% | | | | | | 100% |
| 12.a. | 5 | 6 | 5 | | | 16 | 15 | 31 |
| | 31% | 38% | 31% | | | | | 100% |
| 12.b. | 10 | 2 | 4 | | | 16 | 15 | 31 |
| | 63% | 13% | 25% | | | | | 100% |

x … #abgegebene Antworten

y … #nicht abgegebene Antworten

1. bis 12.b. (senkrecht) … Fragen laut Fragebogen

1 bis 5 (waagrecht) … Antworten laut Fragebogen; von links nach rechts nummeriert

n … Anzahl der Probanden

## Auswertung zur offenen Frage 13

| Klasse | x | Youtube | Youtube_% | nicht Youtube |
|--------|-----|---------|-----------|---------------|
| 1. Kl. | 5 | 5 | 100% | 0 |
| 2. Kl. | 9 | 8 | 89% | 1 |
| 3. Kl. | 14 | 11 | 79% | 3 |
| 4. Kl. | 4 | 4 | 100% | 0 |
| 5. Kl. | 9 | 7 | 78% | 2 |
| 6. Kl. | 12 | 10 | 83% | 2 |
| 7. Kl. | 7 | 6 | 86% | 1 |
| 8. Kl. | 13 | 11 | 85% | 2 |

x ... #abgegebene Antworten
Youtube ... #Angaben von Youtube-Diensten